T0000259

Explorons l'océan

QuébecAmérique

Projet écrit et dirigé par Marie-Anne Legault, éditrice

Direction artistique : Marylène Plante-Germain
Illustrations : Joël Bissonnette, Anouk Noël, Rielle Lévesque et Carl Pelletier
Révision linguistique : Sabrina Raymond
Relecture éditoriale : Stéphanie Durand
Conseillère pédagogique : Anne Gucciardi

Québec Amérique
7240, rue Saint-Hubert
Montréal (Québec) Canada H2R 2N1
Téléphone : 514 499-3000

Nous reconnaissons l'aide financière du gouvernement du Canada.

Nous remercions le Conseil des arts du Canada de son soutien.
We acknowledge the support of the Canada Council for the Arts.

Nous tenons également à remercier la SODEC pour son appui financier.
Gouvernement du Québec – Programme de crédit d'impôt pour l'édition
de livres – Gestion SODEC.

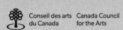

**Catalogage avant publication de Bibliothèque et Archives nationales du
Québec et Bibliothèque et Archives Canada**

Titre : Explorons l'océan.
Description : Mention de collection : Moussaillons
Identifiants : Canadiana (livre imprimé) 20220027161 |
Canadiana (livre numérique) 2022002717X | ISBN 9782764444955 |
ISBN 9782764444962 (PDF)
Vedettes-matière : RVM : Sciences de la mer—Ouvrages pour la jeunesse. |
RVMGF : Albums documentaires.
Classification : LCC GC21.5.E97 2023 | CDD j551.46—dc23

Dépôt légal, Bibliothèque et Archives nationales du Québec, 2023
Dépôt légal, Bibliothèque et Archives du Canada, 2023

Tous droits de traduction, de reproduction et d'adaptation réservés

© Éditions Québec Amérique inc., 2023.
quebec-amerique.com

Imprimé au Canada

MIXTE
Papier | Pour une gestion
forestière responsable
FSC® C011825

Bienvenue moussaillon !

Je suis un robot explorateur. Je peux me transformer comme je veux pour voyager avec toi **partout**. Ensemble, partons à la découverte de mille merveilles.

Aujourd'hui, que dirais-tu d'explorer l'**OCÉAN** ? Nageons, surfons, naviguons et plongeons jusqu'au fond ! Tous les moyens sont bons pour découvrir ses trésors cachés.

Prêt pour le voyage ?
C'est parti !

Moi aussi je veux faire ce voyage, car j'adore l'océan ! J'adore surtout m'y cacher... Sauras-tu me trouver ?

Table des matières

Ouvre grand les yeux !

Dans ce voyage, tu pourrais apercevoir…

- un poisson qui grimpe aux arbres
- un poisson-lanterne
- une licorne des mers
- un archéologue sous-marin

C'est quoi l'OCÉAN ?

Pour comprendre, allons dans l'espace. Regarde la **Terre** de là-haut. Notre **planète** est presque toute bleue. Ce bleu, c'est l'eau de l'océan.

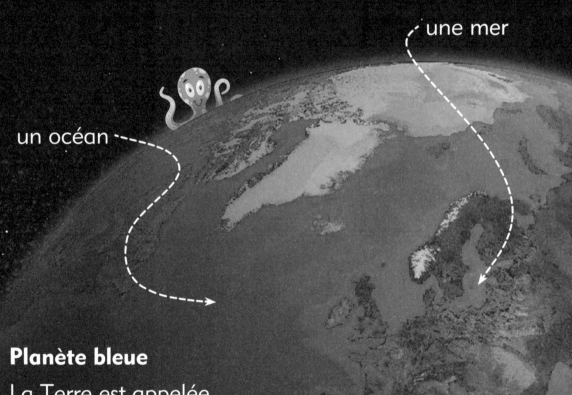

une mer

un océan

Planète bleue

La Terre est appelée « planète bleue » parce qu'elle est recouverte d'eau.

L'océan et la mer, c'est pareil !

Pas tout à fait. L'**océan** est gigantesque, tandis que la mer est un peu plus petite. La **mer**, c'est un morceau d'océan entouré de terre.

Attention, eau très salée !

Si tu goûtes à l'eau de l'océan, tu feras une grimace. Car son eau est très salée. C'est comme échapper tout le sel de la salière dans ta soupe !

Une plongée sous l'eau

L'océan est à certains endroits si **profond** qu'il paraît sans fond. Pourtant, l'océan a toujours un fond. Pour voir ce qui se cache sous l'eau, plongeons !

Des paysages spectaculaires

Que découvres-tu au fond de l'océan ? Des montagnes, des **précipices**, des plaines… Comme sur la terre ferme !

Est-ce qu'une île flotte ?

Non. Une **île** est le sommet d'une montagne sous-marine. Regarde comme elle s'élève à partir du fond et pointe au-dessus de l'eau.

une île ----

un abysse

Dans les profondeurs

Les **abysses** sont des endroits très profonds de l'océan. Nous pouvons les explorer avec des véhicules sous-marins.

De magnifiques sculptures

Le **rivage**, c'est le bord de l'océan. Admire ses rochers. Certains ont la forme de visages ou d'animaux ! Ce sont les sculptures de l'océan.

Flic, flac, floc...

Les **vagues** frappent sans arrêt les rochers. Imagine qu'une vague est le marteau d'un sculpteur. Chaque coup arrache de petits morceaux de roche. L'eau creuse des trous qui grossissent, grossissent... Certains deviennent des **grottes** !

une grotte ----

D'où vient le sable des plages ?

Observe une poignée de sable. C'est rempli de petites roches colorées. Ces grains ont été arrachés au sol par la force de l'eau.

une plage

L'océan bouge sans arrêt

Comme toi, l'océan a la bougeotte. Le vent souffle sur l'eau, ce qui crée des **vagues** et des **courants**. La Lune fait aussi bouger l'océan !

Marée haute

La Lune est un gigantesque aimant. Elle peut attirer vers elle l'eau de l'océan. L'eau monte alors vers le ciel et **inonde** le rivage. C'est la marée haute.

La danse des marées

La Lune tourne autour de la Terre. Cette ronde fait monter et descendre l'eau de l'océan. Les algues et les animaux du rivage sont tantôt à l'eau, tantôt au sec.

Marée basse

Lorsque la Lune s'éloigne, l'eau de l'océan redescend. Le rivage se vide, c'est la marée basse.

L'océan grouille de vie

Bien plus d'animaux vivent dans l'eau que sur la terre. Le savais-tu? L'océan abrite une incroyable **variété** de créatures. Plonge un peu pour voir!

Coquille ou tentacules

Les **mollusques** ont un corps mou. Certains s'enferment dans une coquille, comme les coquillages. D'autres ont de longs tentacules agiles, comme la pieuvre.

un coquillage

une étoile de mer

une pieuvre

14

Des mammifères toujours dans l'eau

Comme toi, les baleines et les dauphins sont des **mammifères**. Ils respirent de l'air en remontant parfois à la surface de l'eau.

Géante des mers

Le plus gros animal du monde est la **baleine bleue**. Elle est plus longue que 2 autobus en file !

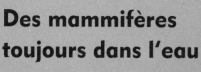

un poisson

un dauphin

une éponge

Les habitants du rivage

Plantes, coquillages, crabes, poissons…
Le rivage est un immense garde-manger !

Braver les vagues

Les algues et les coquillages peuvent affronter les
vagues en s'accrochant aux rochers. Les **algues** sont des
plantes, tandis que les **coquillages** (bigorneaux, moules)
sont des animaux. Une coquille les protège.

des moules

des bigorneaux

Le truc du goéland

Le goéland peut manger l'intérieur d'un coquillage. Comment ? Il le ramasse avec son bec, s'envole, puis le laisse tomber de haut. La coquille s'ouvre en se brisant sur un rocher. Miam !

Un étrange crabe

Le **bernard-l'ermite** est un crabe sans carapace ! Pour se protéger, il se glisse dans un coquillage vide. Il porte son abri sur son dos, jour et nuit.

un bernard-l'ermite

des algues

Ruses et cachettes

Les animaux du rivage ont des ruses pour ne pas se faire manger. Certains se déguisent. D'autres ont une armure qui protège leur corps, appelée « coquille » ou « carapace ». Trouve qui se cache ici !

Un poisson plat comme une crêpe

Au fond de l'eau, la **sole** recouvre de sable son corps plat. Quel bon truc pour être invisible !

Où se cache le crabe?

Le crabe aime les « piscines ». À marée basse, il cherche les petits bassins d'eau.

un siphon

Des coquillages sous le sable

Ces **coques** se cachent dans le sable. Pour se nourrir et respirer, elles sortent une drôle de trompe à tentacules, appelée « siphon ».

Des jungles dans l'océan

Des algues, des herbes et même des arbres poussent dans l'océan ! Ces plantes forment des jungles marines. Elles servent d'abri et de garde-manger à une multitude d'animaux.

Forêt sur échasses

Des forêts **inondées**, appelées «**mangroves**», bordent les mers chaudes. Leurs arbres ont des racines qui s'élèvent au-dessus de l'eau. Les mangroves cachent des animaux étonnants. Les vois-tu ?

Un poisson promeneur

Ce poisson sort parfois de l'eau et utilise ses nageoires comme des pattes ! Il grimpe aux arbres des mangroves pour manger des insectes.

Un bon tireur

Le **poisson archer** vit dans les mangroves. Il chasse… en crachant ! Son jet, tiré comme une flèche, peut faire tomber un insecte dans l'eau.

21

C'est quoi le corail ?

Dans les mers chaudes, le corail forme une colline colorée, appelée « **récif** ». Le corail n'est pourtant pas une roche ni une plante. C'est un animal !

Un château fort

Comme les coquillages, le **corail** peut se fabriquer une armure solide. En s'assemblant, les coraux d'un récif forment les blocs d'un château fort. Ils offrent nourriture et cachettes à une foule d'animaux.

Un poisson porc-épic

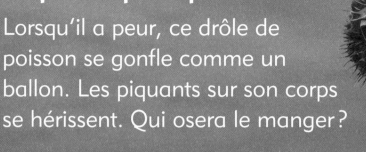

Lorsqu'il a peur, ce drôle de poisson se gonfle comme un ballon. Les piquants sur son corps se hérissent. Qui osera le manger?

Un poisson-perroquet

Ce poisson coloré mange du corail. En le mangeant, il le transforme en poudre. Son caca est du beau sable blanc!

L'union fait la force

Dans les récifs, des animaux bien différents se rendent des services. Faire équipe est utile pour se défendre, se nourrir ou même se laver !

Un abri sûr

L'**anémone de mer** a plusieurs tentacules venimeux. Sa piqûre est brûlante, sauf pour le **poisson-clown**, dont le corps est protégé du venin. Quand il a peur, ce petit poisson se cache dans les tentacules de l'anémone. Rusé !

une anémone de mer

un poisson-clown

Service de nettoyage

Le **poisson nettoyeur** mange les bestioles qui s'accrochent comme des sangsues aux autres poissons. Ceux-ci font la file pour profiter d'un nettoyage !

un poisson nettoyeur

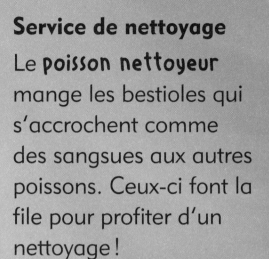

un poisson chirurgien

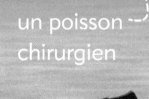

Au milieu de la mer

Mettons les voiles pour nous éloigner de la terre. Regarde ! Les rayons du soleil éclairent la surface de l'eau. Que découvres-tu ?

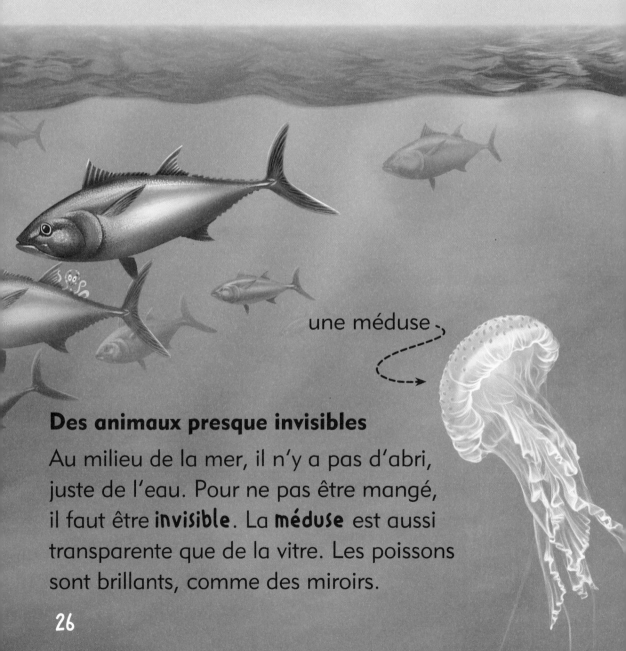

une méduse

Des animaux presque invisibles

Au milieu de la mer, il n'y a pas d'abri, juste de l'eau. Pour ne pas être mangé, il faut être **invisible**. La **méduse** est aussi transparente que de la vitre. Les poissons sont brillants, comme des miroirs.

Un poisson volant

Ce poisson peut bondir hors de l'eau.
Il soulève ses longues nageoires pour
planer, comme un oiseau !

Une grande nageuse

La **tortue luth** est plus
grande que toi ! Ses pattes
en forme de rames lui
permettent de nager
sans se fatiguer.

Nager vite et loin

Au milieu de la mer, il y a peu de nourriture et beaucoup d'eau. Pour trouver un repas, il faut nager vite et loin.

Un champion de vitesse

Ce poisson au long nez est un **espadon**.
Il file dans la mer à la même vitesse
qu'une automobile sur l'autoroute !

un requin bleu

Où sont les requins?

Il y a de moins en moins de **requins** dans la mer. Ils disparaissent, car ils sont trop pêchés...

Est-ce que les requins peuvent me manger?

Les requins ne mangent pas les humains.
Ils mangent d'autres animaux marins.

Plongeons dans le noir

Maintenant, plongeons dans les profondeurs avec notre habit de **scaphandrier**. Que se passe-t-il ? Allumons notre lampe sous-marine.

Un poisson qui fait peur !

La **baudroie** a un organe qui ressemble à un long nez lumineux. Il sert de canne à pêche pour attirer vers sa gueule les animaux qu'elle mange.

une baudroie des abysses

un poisson-lanterne

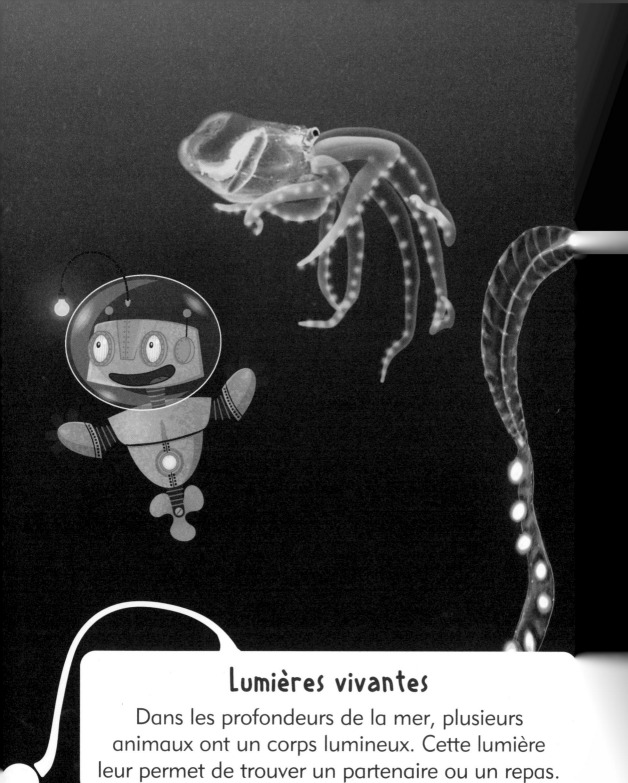

Lumières vivantes

Dans les profondeurs de la mer, plusieurs animaux ont un corps lumineux. Cette lumière leur permet de trouver un partenaire ou un repas.

Géants des profondeurs

Plus nous descendons vers le fond, plus il fait sombre et froid. Les rayons du soleil ont du mal à se faufiler jusqu'ici.

un cachalot

Un maître plongeur

Ce **cachalot** respire de l'air, comme toi. Son repas préféré est le calmar géant. Pour le chasser, il plonge dans les profondeurs et retient son souffle pendant une heure!

Un calmar géant

Ce **calmar** est aussi long qu'un autobus scolaire! Ses yeux sont grands comme des assiettes. C'est pour mieux voir dans le noir.

un calmar

Tout au fond

Allons au fond de la mer. Ici, il fait très noir. Les animaux sont souvent aveugles ou sans yeux.

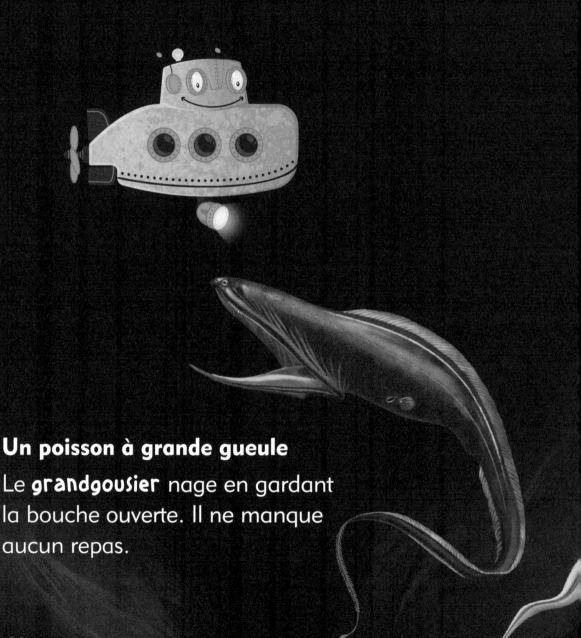

Un poisson à grande gueule

Le **grandgousier** nage en gardant la bouche ouverte. Il ne manque aucun repas.

Comment manger dans le noir?

Dans le noir, certains animaux capturent les créatures qui les frôlent. D'autres mangent les miettes de nourriture qui tombent de la surface.

Poisson fantôme

Regarde comme le **grenadier** ressemble à un fantôme!

Je ne bouge jamais

Une **éponge** est un animal qui vit accroché au fond de la mer.

un grenadier

une éponge

Autour du pôle Nord

Brrrrrr ! Près du pôle Nord, il fait très froid.
D'immenses **glaciers** couvrent la terre tandis
que la **banquise** recouvre l'océan.

un glacier

Chasseur invisible

Attention ! L'**ours polaire** est un grand et
puissant chasseur. Sa fourrure blanche
comme la neige le rend invisible.

Châteaux de glace

Les **icebergs** sont de gigantesques blocs de glace qui se détachent des glaciers. Ils flottent sur l'océan. Savais-tu que la plus grande partie de l'iceberg est cachée sous l'eau ?

un iceberg ---▸

une banquise

Licorne des mers

Le **narval** est une petite baleine qui aime l'eau froide. Sa corne est une longue dent qui sort de sa bouche !

37

Autour du pôle Sud

À l'autre bout de la Terre, le pôle Sud est encore plus froid que le pôle Nord. C'est un désert de glace. Mais l'océan qui l'entoure grouille de vie !

Des ailes pour nager

Le **manchot** est un oiseau qui ne vole pas. Ses ailes lui servent de nageoires. Il peut plonger et nager à toute vitesse.

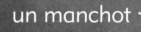

un manchot

Maître plongeur

Ce **phoque** passe beaucoup de temps dans l'eau, sous la banquise. Avec ses dents, il perce des trous dans la glace pour respirer.

un phoque --->

un épaulard --->

Un terrifiant dauphin

L'**épaulard** est un immense dauphin qui aime l'eau froide. Il chasse des phoques, des manchots et même des baleines et des requins !

Et vogue mon joli bateau

Les bateaux sont les plus vieux moyens de transport. Ils ont permis aux humains de voyager pour découvrir de nouvelles terres. À bord, moussaillon !

À la rame

Les premiers bateaux étaient des radeaux ou des **pirogues** fabriqués avec des troncs d'arbre. Pour avancer, il fallait ramer.

une pirogue

À la voile

Puis, les bateaux ont grossi. Pour voyager au bout du monde, les explorateurs utilisaient de grands **voiliers**. Ils avançaient grâce au vent qui soufflait dans les voiles.

Villes flottantes

Aujourd'hui, plusieurs bateaux fonctionnent avec des moteurs. Certains sont gigantesques. Les **paquebots** sont comme des villes flottantes, avec restaurants, piscines, salles de spectacle et cinémas !

Les métiers de la mer

Certaines personnes travaillent dans les ports, d'où arrivent et partent les bateaux. D'autres naviguent ou plongent. Toi, qu'aimerais-tu faire ?

Prendre la mer

Les **marins** parcourent le monde sur des navires remplis de marchandises ou de passagers. Certains travaillent sur des bateaux de pêche.

Fermes marines

Les crevettes et poissons que tu manges sont souvent élevés dans des **bassins**, sur le rivage.

Scientifiques de l'océan

Les **océanographes** étudient et surveillent l'océan.
Les **biologistes marins** s'intéressent aux plantes et aux
animaux qui y vivent. Il y a même des **archéologues** qui
cherchent des bateaux coulés et des villes englouties !

un archéologue
sous-marin

386

Exploration sous-marine

Sous l'eau, les plongeurs font de magnifiques découvertes : grottes, récifs de corail, épaves de bateaux… Parfois, ils trouvent un trésor !

La plongée avec bouteille

Ce plongeur a un **masque** pour bien voir sous l'eau et des **palmes** pour mieux nager. Sa combinaison le garde au chaud. Avec une **bouteille d'air** reliée à sa bouche, il peut rester une heure sous l'eau.

une combinaison de plongée

Comment explorer les profondeurs?

Les **robots** et les **sous-marins** permettent d'explorer pendant des heures les lieux les plus profonds de l'océan!

un sous-marin

Plonge toi aussi

Demande à un adulte de t'accompagner dans l'eau peu profonde. Enfile un masque et des palmes. Avec un **tuba**, tu peux respirer de l'air sans sortir la tête de l'eau!

une palme

45

Activités de découverte

Le rivage est comme une île au trésor. Tu peux y faire mille découvertes! Cherche et admire.

Regarde dans une flaque laissée par la marée

Vois-tu un crabe? Des petits poissons? Des algues? Une étoile de mer? On dirait un aquarium!

Observe les oiseaux avec des jumelles

Cherche un goéland qui vole, un qui nage et un qui trotte sur la plage.

un goéland

Examine les joyaux du rivage

Les coquillages et les galets sont des joyaux colorés. Les galets sont ronds et doux parce qu'ils sont frottés par les vagues et le sable.

des galets

Attention !

- Promène-toi toujours avec un adulte.
- Ne grimpe pas sur les rochers glissants.
- Laisse les animaux tranquilles.

Un environnement à protéger

Laisse les trésors que tu vois où ils sont. Coquillages, pierres, algues et bouts de bois peuvent servir d'abris à des êtres vivants.

Rappelle-toi que les animaux, comme toi, n'aiment pas avoir peur ni être dérangés. En respectant les êtres vivants, tu protèges l'environnement.

Ici se termine notre voyage. J'ai déjà hâte de te retrouver pour une autre aventure !

Au revoir moussaillon !

Explorons l'océan a été achevé d'imprimer en février 2023 sur les presses de l'imprimerie Transcontinental, au Québec, Canada, pour le compte des Éditions Québec Amérique.